Federico
García
Lorca

Las mejores poesías
de los mejores poetas

AF273743

Diseño, maquetación e impresión:
Gráficas MAXTOR
Fray Luis de León, 20
47002 Valladolid
Tel.: 983 090 110
pedidos@maxtor.es
www.maxtor.es

I.S.B.N. : 978-84-1171-066-4

Depósito Legal : DL VA 326-2024

FEDERICO GARCÍA LORCA

Federico García Lorca, uno de los poetas más insignes de nuestra época, nació en Fuente Vaqueros, un pueblo andaluz de la vega granadina, el 5 de junio de 1898. Su madre, Vicenta Lorca Romero, había sido durante un tiempo maestra de escuela, y su padre, Federico García Rodríguez, poseía terrenos en la vega, donde se cultivaba remolacha y tabaco. En 1909, cuando Federico tenía once años, sus padres, su hermano Francisco, él mismo, sus hermanas Conchita e Isabel se estableció en Granada, aunque seguiría pasando los veranos en el campo, en Asquerosa (hoy, Valderrubio), donde Federico escribió gran parte de su obra.

Después de haber viajado mucho y haber vivido durante largos períodos en Madrid, Federico recordaría cómo afectaba a su obra el ambiente rural de la vega: «Amo a la tierra. Me siento ligado a ella en todas mis emociones. Mis más lejanos recuerdos de niño tienen sabor de tierra. Los bichos de la tierra, los animales, las gentes campesinas, tienen sugestiones que llegan a muy pocos. Yo las capto ahora con el mismo espíritu de mis años infantiles. De lo contrario, no hubiera podido escribir Bodas de sangre».

En sus poemas y en sus dramas se revela como agudo observador del habla, de la música y de las costumbres de la sociedad rural española. Una de las peculiaridades de su obra es cómo ese ambiente, descrito con exactitud, llega a convertirse en un espacio imaginario donde se da expresión a todas las inquietudes más profundas del corazón humano: el deseo, el amor y la muerte, el misterio de la identidad y el milagro de la creación artística.

La obra poética de Lorca constituye una de las cimas de la poesía de la Generación del 27 y de toda la literatura española.

ROMANCE DE LA LUNA

La luna vino a la fragua
con su polisón de nardos.
El niño la mira mira.
El niño la está mirando.

En el aire conmovido
mueve la luna sus brazos
y enseña, lúbrica y pura,
sus senos de duro estaño.

Huye luna, luna, luna.
Si vinieran los gitanos,
harían con tu corazón
collares y anillos blancos.

Niño déjame que baile.
Cuando vengan los gitanos,
te encontrarán sobre el yunque
con los ojillos cerrados.

Huye luna, luna, luna,
que ya siento sus caballos.
Niño déjame, no pises,
mi blancor almidonado.

El jinete se acercaba
tocando el tambor del llano.
Dentro de la fragua el niño,
tiene los ojos cerrados.

Por el olivar venían,
bronce y sueño, los gitanos.
Las cabezas levantadas
y los ojos entornados.

¡Cómo canta la zumaya,
ay como canta en el árbol!
Por el cielo va la luna
con el niño de la mano.

Dentro de la fragua lloran,
dando gritos, los gitanos.
El aire la vela, vela.
el aire la está velando.

Vuelta de paseo

Asesinado por el cielo,
entre las formas que van hacia la sierpe
y las formas que buscan el cristal,
dejaré caer mis cabellos.

Con el árbol de muñones que no canta
y el niño con el blanco rostro de huevo.

Con los animalitos de cabeza rota
y el agua harapienta de los pies secos.

Con todo lo que tiene cansancio sordomudo
y mariposa ahogada en el tintero.
Tropezando con mi rostro distinto de cada día.

¡Asesinado por el cielo!

¡Ay voz secreta del amor oscuro!

Ay voz secreta del amor oscuro
¡ay balido sin lanas! ¡ay herida!
¡ay aguja de hiel, camelia hundida!
¡ay corriente sin mar, ciudad sin muro!

¡Ay noche inmensa de perfil seguro,
montaña celestial de angustia erguida!
¡ay perro en corazón, voz perseguida!
¡silencio sin confín, lirio maduro!

Huye de mí, caliente voz de hielo,
no me quieras perder en la maleza
donde sin fruto gimen carne y cielo.

Deja el duro marfil de mi cabeza,
apiádate de mí, ¡rompe mi duelo!
¡que soy amor, que soy naturaleza!

In Memoriam

Dulce chopo,
dulce chopo,
te has puesto
de oro.
Ayer estabas verde,
un verde loco
de pájaros
Gloriosos.
Hoy estás abatido
bajo el cielo de agosto
como yo frente al cielo
de mi espíritu rojo.
La fragancia cautiva
de tu tronco
vendrá a mi corazón
piadoso.
¡Rudo abuelo del prado!
nosotros,
nos hemos puesto
de oro.

MADRIGAL

Yo te miré a los ojos
cuando era niño y bueno.
Tus manos me rozaron
y me diste un beso.

(Los relojes llevan la misma cadencia,
y las noches tienen las mismas estrellas).

Y se abrió mi corazón
como una flor bajo el cielo,
los pétalos de lujuria
y los estambres de sueño.

(Los relojes llevan la misma cadencia,
y las noches tienen las mismas estrellas).

En mi cuarto sollozaba
como el príncipe del cuento
por Estrellita de oro
que se fue de los torneos.

(Los relojes llevan la misma cadencia,
Y las noches tienen las mismas estrellas).

Yo me alejé de tu lado
Queriéndote sin saberlo.No sé cómo son tus ojos,
Tus manos ni tus cabellos.
Sólo me queda en la frente
La mariposa del beso.

(Los relojes llevan la misma cadencia,
Y las noches tienen las mismas estrellas).

La soleá

Vestidas con mantos negros
piensa que el mundo es chiquito
y el corazón es inmenso.

Vestida con mantos negros.

Piensa que el suspiro tierno
y el grito, desaparecen
en la corriente del viento.

Vestida con mantos negros.

Se dejó el balcón abierto
y el alba por el balcón
desembocó todo el cielo.

¡Ay yayayayay,
que vestida con mantos negros!

LA SOMBRA DE MI ALMA

La sombra de mi alma
huye por un ocaso de alfabetos,
niebla de libros
y palabras.

¡La sombra de mi alma!

He llegado a la línea donde cesa
la nostalgia,
y la gota de llanto se transforma
alabastro de espíritu.

¡La sombra de mi alma!

El copo del dolor
se acaba,
pero queda la razón y la sustancia
de mi viejo mediodía de labios,
de mi viejo mediodía
de miradas.

Un turbio laberinto
de estrellas ahumadas
enreda mi ilusión
casi marchita.

¡La sombra de mi alma!

Y una alucinación
me ordeña las miradas.
Veo la palabra amor
desmoronada.

¡Ruiseñor mío!
¡Ruiseñor!
¿Aún cantas?

MI NIÑA SE FUE A LA MAR

Mi niña se fue a la mar,
a contar olas y chinas,
pero se encontró, de pronto,
con el río de Sevilla.

Entre adelfas y campanas
cinco barcos se mecían,
con los remos en el agua
y las velas en la brisa.

¿Quién mira dentro la torre
enjaezada, de Sevilla?
Cinco voces contestaban
redondas como sortijas.

El cielo monta gallardo
al río, de orilla a orilla.
En el aire sonrosado,
cinco anillos se mecían.

LA SANGRE DERRAMADA

¡Que no quiero verla!

Dile a la luna que venga,
que no quiero ver la sangre
de Ignacio sobre la arena.

¡Que no quiero verla!

La luna de par en par.
Caballo de nubes quietas,
y la plaza gris del sueño
con sauces en las barreras.

¡Que no quiero verla!

Que mi recuerdo se quema.
¡Avisad a los jazmines
con su blancura pequeña!

¡Que no quiero verla!
La vaca del viejo mundo

pasaba su triste lengua
sobre un hocico de sangres
derramadas en la arena,
y los toros de Guisando,
casi muerte y casi piedra,
mugieron como dos siglos
hartos de pisar la tierra.
No.

¡Que no quiero verla!

Por las gradas sube Ignacio
con toda su muerte a cuestas.
Buscaba el amanecer,
y el amanecer no era.
Busca su perfil seguro,
y el sueño lo desorienta.
Buscaba su hermoso cuerpo
y encontró su sangre abierta.
¡No me digáis que la vea!
No quiero sentir el chorro
cada vez con menos fuerza;
ese chorro que ilumina
los tendidos y se vuelca

sobre la pana y el cuero
de muchedumbre sedienta.

¡Quién me grita que me asome!
¡No me digáis que la vea!

No se cerraron sus ojos
cuando vio los cuernos cerca,
pero las madres terribles
levantaron la cabeza.
Y a través de las ganaderías,
hubo un aire de voces secretas
que gritaban a toros celestes
mayorales de pálida niebla.
No hubo príncipe en Sevilla
que comparársele pueda,
ni espada como su espada
ni corazón tan de veras.
Como un río de leones
su maravillosa fuerza,
y como un torso de mármol
su dibujada prudencia.
Aire de Roma andaluza
le doraba la cabeza

donde su risa era un nardo
de sal y de inteligencia.
¡Qué gran torero en la plaza!
¡Qué buen serrano en la sierra!
¡Qué blando con las espigas!
¡Qué duro con las espuelas!
¡Qué tierno con el rocío!
¡Qué deslumbrante en la feria!
¡Qué tremendo con las últimas
banderillas de tiniebla!

Pero ya duerme sin fin.
Ya los musgos y la hierba
abren con dedos seguros
la flor de su calavera.
Y su sangre ya viene cantando:
cantando por marismas y praderas,
resbalando por cuernos ateridos,
vacilando sin alma por la niebla,
tropezando con miles de pezuñas
como una larga, oscura, triste lengua,
para formar un charco de agonía
junto al Guadalquivir de las estrellas.
¡Oh blanco muro de España!

¡Oh negro toro de pena!
¡Oh sangre dura de Ignacio!
¡Oh ruiseñor de sus venas!
No.
¡Que no quiero verla!
Que no hay cáliz que la contenga,
que no hay golondrinas que se la beban,
no hay escarcha de luz que la enfríe,
no hay canto ni diluvio de azucenas,
no hay cristal que la cubra de plata.
No.
¡Yo no quiero verla!

NOCHE DEL AMOR INSOMNE

Noche arriba los dos con luna llena,
yo me puse a llorar y tú reías.
Tu desdén era un dios, las quejas mías
momentos y palomas en cadena.

Noche abajo los dos. Cristal de pena,
llorabas tú por hondas lejanías.
Mi dolor era un grupo de agonías
sobre tu débil corazón de arena.

La aurora nos unió sobre la cama,
las bocas puestas sobre el chorro helado
de una sangre sin fin que se derrama.

Y el sol entró por el balcón cerrado
y el coral de la vida abrió su rama
sobre mi corazón amortajado.

Quiero llorar mi pena y te lo digo

Quiero llorar mi pena y te lo digo
para que tú me quieras y me llores
en un anochecer de ruiseñores,
con un puñal, con besos y contigo.

Quiero matar al único testigo
para el asesinato de mis flores
y convertir mi llanto y mis sudores
en eterno montón de duro trigo.

Que no se acabe nunca la madeja
del te quiero me quieres, siempre ardida
con decrépito sol y luna vieja.

Que lo que no me des y no te pida
será para la muerte, que no deja
ni sombra por la carne estremecida.

Y YO TE DABA BESOS

Y yo te daba besos
sin darme cuenta
de que no te decía:
¡Oh labios de cereza!

¡Qué gran romántica
eras!
Bebías vinagre a escondidas
de la abuela.
Te pusiste como una
celinda de primavera.
Y yo estaba enamorado
de otra. ¿No ves qué pena?
De otra que estaba escribiendo
un nombre sobre la arena.

CASIDA DE LAS PALOMAS OSCURAS

Por las ramas del laurel
vi dos palomas oscuras.
La una era el sol,
la otra la luna.
«Vecinita», les dije,
«¿dónde está mi sepultura?»
«En mi cola», dijo el sol.
«En mi garganta», dijo la luna.
Y yo que estaba caminando
con la tierra por la cintura
vi dos águilas de nieve
y una muchacha desnuda.
La una era la otra
y la muchacha era ninguna.
«Aguilitas», les dije,
«¿dónde está mi sepultura?»
«En mi cola», dijo el sol.
«En mi garganta», dijo la luna.
Por las ramas del laurel
vi dos palomas desnudas.
La una era la otra
y las dos eran ninguna.

AGUA, ¿DÓNDE VAS?...

Agua, ¿dónde vas?
Riyendo voy por el río
a las orillas del mar.

Mar, ¿adónde vas?

Río arriba voy buscando
fuente donde descansar.

Chopo, y tú ¿qué harás?

No quiero decirte nada.
Yo... ¡temblar!

¡Qué deseo, qué no deseo,
por el río y por la mar!

(Cuatro pájaros sin rumbo
en el alto chopo están).

LA COGIDA Y LA MUERTE

A las cinco de la tarde.
Eran las cinco en punto de la tarde.
Un niño trajo la blanca sábana
a las cinco de la tarde.
Una espuerta de cal ya prevenida
a las cinco de la tarde.
Lo demás era muerte y sólo muerte
a las cinco de la tarde.

El viento se llevó los algodones
a las cinco de la tarde.
Y el óxido sembró cristal y níquel
a las cinco de la tarde.
Ya luchan la paloma y el leopardo
a las cinco de la tarde.
Y un muslo con un asta desolada
a las cinco de la tarde.
Comenzaron los sones de bordón
a las cinco de la tarde.
Las campanas de arsénico y el humo
a las cinco de la tarde.

En las esquinas grupos de silencio
a las cinco de la tarde.
¡Y el toro solo corazón arriba!
a las cinco de la tarde.
Cuando el sudor de nieve fue llegando
a las cinco de la tarde
cuando la plaza se cubrió de yodo
a las cinco de la tarde,
la muerte puso huevos en la herida
a las cinco de la tarde.
A las cinco de la tarde.
A las cinco en Punto de la tarde.

Un ataúd con ruedas es la cama
a las cinco de la tarde.
Huesos y flautas suenan en su oído
a las cinco de la tarde.
El toro ya mugía por su frente
a las cinco de la tarde.
El cuarto se irisaba de agonía
a las cinco de la tarde.
A lo lejos ya viene la gangrena
a las cinco de la tarde.
Trompa de lirio por las verdes ingles

a las cinco de la tarde.
Las heridas quemaban como soles
a las cinco de la tarde,
y el gentío rompía las ventanas
a las cinco de la tarde.
A las cinco de la tarde.
¡Ay, qué terribles cinco de la tarde!
¡Eran las cinco en todos los relojes!
¡Eran las cinco en sombra de la tarde!

AL OÍDO DE UNA MUCHACHA

No quise.
No quise decirte nada.

Vi en tus ojos
dos arbolitos locos.
De brisa, de brisa y de oro.

Se meneaban.
No quise.

No quise decirte nada.

Mariposa

Mariposa del aire,
qué hermosa eres,
mariposa del aire
dorada y verde.

mariposa del aire,
¡quédate ahí, ahí, ahí!...

No te quieres parar,
pararte no quieres.

Mariposa del aire
dorada y verde.

Luz de candil,
mariposa del aire,

¡quédate ahí, ahí, ahí!...
¡Quédate ahí!

Mariposa, ¿estás ahí?

LA AURORA

La aurora de Nueva York tiene
cuatro columnas de cieno
y un huracán de negras palomas
que chapotean en las aguas podridas.

La aurora de Nueva York gime
por las inmensas escaleras
buscando entre las aristas
nardos de angustia dibujada.

La aurora llega y nadie la recibe en su boca
porque allí no hay mañana ni esperanza posible.
A veces las monedas en enjambres furiosos
taladran y devoran abandonados niños.

Los primeros que salen comprenden con sus
huesos
que no habrá paraísos ni amores deshojados;
saben que van al cieno de números y leyes,
a los juegos sin arte, a sudores sin fruto.
La luz es sepultada por cadenas y ruidos

en impúdico reto de ciencia sin raíces.
Por los barrios hay gentes que vacilan insomnes
como recién salidas de un naufragio de sangre.

Canción tonta

Mamá.
Yo quiero ser de plata.

Hijo,
tendrás mucho frío.

Mamá.
Yo quiero ser de agua.

Hijo,
tendrás mucho frío.

Mamá.
Bórdame en tu almohada.

¡Eso sí!
¡Ahora mismo!

GACELA DE LA TERRIBLE PRESENCIA

Yo quiero que el agua se quede sin cauce.
Yo quiero que el viento se quede sin valles.

Quiero que la noche se quede sin ojos
y mi corazón sin la flor del oro.

Que los bueyes hablen con las grandes hojas
y que la lombriz se muera de sombra.

Que brillen los dientes de la calavera
y los amarillos inunden la seda.

Puedo ver el duelo de la noche herida
luchando enroscada con el mediodía.

Resisto un ocaso de verde veneno
y los arcos rotos donde sufre el tiempo.

Pero no me enseñes tu limpio desnudo
como un negro cactus abierto en los juncos.

Déjame en un ansia de oscuros planetas,
¡pero no me enseñes tu cintura fresca!

EL POETA HABLA POR TELÉFONO CON EL AMOR

Tu voz regó la duna de mi pecho
en la dulce cabina de madera.
Por el sur de mis pies fue primavera
y al norte de mi frente flor de helecho.

Pino de luz por el espacio estrecho
cantó sin alborada y sementera
y mi llanto prendió por vez primera
coronas de esperanza por el techo.

Dulce y lejana voz por mí vertida.
Dulce y lejana voz por mí gustada.
Lejana y dulce voz amortecida.

Lejana como oscura corza herida.
Dulce como un sollozo en la nevada.
¡Lejana y dulce en tuétano metida!

La sombra de mi alma

La sombra de mi alma
Huye por un ocaso de alfabetos,
Niebla de libros
Y palabras.

¡La sombra de mi alma!

He llegado a la línea donde cesa
La nostalgia,
Y la gota de llanto se transforma
Alabastro de espíritu.

(¡La sombra de mi alma!)

El copo del dolor
Se acaba,
Pero queda la razón y la sustancia
De mi viejo mediodía de labios
De mi viejo mediodía
De miradas.

Un turbio laberinto
De estrellas ahumadas
Enreda mi ilusión
Casi marchita.

¡La sombra de mi alma!

 Y una alucinación
Me ordeña las miradas.
Veo la palabra amor
Desmoronada.

¡Ruiseñor mío!
¡Ruiseñor!
¿Aún cantas?

ALBA

Mi corazón oprimido
Siente junto a la alborada
El dolor de sus amores
Y el sueño de las distancias.
La luz de la aurora lleva
Semilleros de nostalgias
Y la tristeza sin ojos
De la médula del alma.
La gran tumba de la noche
Su negro velo levanta
Para ocultar con el día
La inmensa cumbre estrellada.

¡Qué haré yo sobre estos campos
Cogiendo nidos y ramas
Rodeado de la aurora
Y llena de noche el alma!
¡Qué haré si tienes tus ojos
Muertos a las luces claras
Y no ha de sentir mi carne
El calor de tus miradas!

¿Por qué te perdí por siempre
En aquella tarde clara?
Hoy mi pecho está reseco
Como una estrella apagada.

LA ROSA

La rosa
no buscaba la aurora:
Casi eterna en su ramo
buscaba otra cosa.

La rosa
no buscaba ni ciencia ni sombra:
Confín de carne y sueño
buscaba otra cosa.

La rosa
no buscaba la rosa:
Inmóvil por el cielo
¡buscaba otra cosa!

EN LO ALTO DE AQUEL MONTE

En lo alto de aquel monte
hay un arbolillo verde.

Pastor que vas,
pastor que vienes.

Olivares soñolientos
bajan al llano caliente.

Pastor que vas,
pastor que vienes.

Ni ovejas blancas ni perro
ni cayado ni amor tienes.

Pastor que vas.

Como una sombra de oro
en el trigal te disuelves.
pastor que vienes.

Paisaje con dos tumbas
y un perro asirio

Amigo,
levántate para que oigas aullar
al perro asirio.
Las tres ninfas del cáncer han estado bailando,
hijo mío.
Trajeron unas montañas de lacre rojo
y unas sábanas duras donde estaba el cáncer
dormido.
El caballo tenía un ojo en el cuello
y la luna estaba en un cielo tan frío
que tuvo que desgarrarse su monte de Venus
y ahogar en sangre y ceniza los cementerios anti-
guos.

Amigo,
despierta, que los montes todavía no respiran
y las hierbas de mi corazón están en otro sitio.
No importa que estés lleno de agua de mar.
Yo amé mucho tiempo a un niño
que tenía una plumilla en la lengua

y vivimos cien años dentro de un cuchillo.
Despierta. Calla. Escucha. Incorpórate un poco.
El aullido
es una larga lengua morada que deja
hormigas de espanto y licor de lirios.
Ya vienen hacia la roca. ¡No alargues tus raíces!
Se acerca. Gime. No solloces en sueños, amigo.

¡Amigo!
Levántate para que oigas aullar
al perro asirio.

LUCÍA MARTÍNEZ

Lucía Martínez.
Umbría de seda roja.

Tus muslos como la tarde
van de la luz a la sombra.
Los azabaches recónditos
oscurecen tus magnolias.

Aquí estoy, Lucía Martínez.
Vengo a consumir tu boca
y a arrastrarle del cabello
en madrugada de conchas.

Porque quiero, y porque puedo.
Umbría de seda roja.

LARGO ESPECTRO DE PLATA CONMOVIDA

Largo espectro de plata conmovida
el viento de la noche suspirando
abrió con mano gris mi vieja herida
y se alejó; yo estaba deseando.

Llaga de amor que me dará la vida
perpetua sangre y pura luz brotando.
Grieta en que Filomena enmudecida
tendrá bosque, dolor y nido blando.

¡Ay qué dulce rumor en mi cabeza!
Me tenderé junto a la flor sencilla
donde flota sin alma tu belleza.

Y el agua errante se pondrá amarilla,
mientras corre mi sangre en la maleza
olorosa y mojada de la orilla.

Fábula y rueda de los tres amigos

Enrique,
Emilio,
Lorenzo.

Estaban los tres helados:
Enrique por el mundo de las camas;
Emilio por el mundo de los ojos y las heridas de
las manos,
Lorenzo por el mundo de las universidades sin
tejados.

Lorenzo,
Emilio,
Enrique.

Estaban los tres quemados:
Lorenzo por el mundo de las hojas y las bolas de
billar;
Emilio por el mundo de la sangre y los alfileres
blancos,
Enrique por el mundo de los muertos
y los periódicos abandonados.

Lorenzo,
Emilio,
Enrique.

Estaban los tres enterrados.
Lorenzo en un seno de Flora;
Emilio en la, yerta ginebra que se olvida en el
vaso,
Enrique en la hormiga, en el mar y en los ojos
vacíos de los pájaros.

Lorenzo,
Emilio,
Enrique.

Fueron los tres en mis manos
tres montañas chinas,
tres sombras de caballo,
tres paisajes de nieve y una cabaña de azucenas
por los palomares donde la luna se pone plana
bajo el gallo.

Uno
y uno
y uno.

Estaban los tres momificados.
Con las moscas del invierno,
con los tinteros que orina el perro y desprecia el
vilano,
con la brisa que hiela el corazón de todas las
madres,
por los blancos derribos de Júpiter
donde meriendan muerte los borrachos.

Tres
y dos
y uno.

Los vi perderse llorando y cantando
por un huevo de gallina,
por la noche que enseñaba su esqueleto de tabaco,
por mi dolor lleno de rostros
y punzantes esquirlas de luna,
por mi alegría de ruedas dentadas y látigos,
por mi pecho turbado por las palomas,

por mi muerte desierta con un solo paseante
equivocado.

Yo había matado la quinta luna
y bebían agua por las fuentes los abanicos y los
aplausos.
Tibia leche encerrada de las recién paridas
agitaba las rosas con un largo dolor blanco.

Enrique,
Emilio,
Lorenzo.

Diana es dura,
pero a veces tiene los pechos nublados.
Puede la piedra blanca latir en la sangre del ciervo
y el ciervo puede soñar por los ojos de un caballo.

Cuando se hundieron las formas puras
bajo el cri cri de las margaritas,
comprendí que me habían asesinado.
Recorrieron los cafés y los cementerios
y las iglesias,
abrieron los toneles y los armarios,

destrozaron tres esqueletos para arrancar sus
dientes de oro.
Ya no me encontraron.
¿No me encontraron?
No. No me encontraron.
Pero se supo que la sexta luna huyó torrente
arriba,
y que el mar recordó ¡de pronto!
los nombres de todos sus ahogados.

CANCIÓN DE CUNA

Ya te vemos dormida.
Tu barca es de madera por la orilla.

Blanca princesa de nunca.
¡Duerme por la noche oscura!
Cuerpo de tierra y de nieve.
Duerme por el alba, ¡duerme!

Ya te alejas dormida.
¡Tu barca es bruma, sueño, por la orilla!

LOS REYES DE LA BARAJA

Si tu madre quiere un rey,
la baraja tiene cuatro:
rey de oros, rey de copas,
rey de espadas, rey de bastos.

Corre que te pillo,
corre que te agarro,
mira que te lleno
la cara de barro.

Del olivo
me retiro,
del esparto
yo me aparto,
del sarmiento
me arrepiento
de haberte querido tanto.

ANDA JALEO

Yo me alivié a un pino verde
por ver si la divisaba,
y sólo divisé el polvo
del coche que la llevaba.
Anda jaleo, jaleo:
ya se acabó el alboroto
y vamos al tiroteo.

No salgas, paloma, al campo,
mira que soy cazador,
y si te tiro y te mato
para mí será el dolor,
para mí será el quebranto,
Anda, jaleo, jaleo:
ya se acabó el alboroto
y vamos al tiroteo.

En la calle de los Muros
han matado una paloma.
Yo cortaré con mis manos
las flores de su corona.
Anda jaleo, jaleo:
ya se acabó el alboroto
y vamos al tiroteo.

HERIDO DE AMOR

Amor, amor
que está herido.
Herido de amor huido ;
herido,
muerto de amor.
Decid a todos que ha sido
el ruiseñor.
Bisturí de cuatro filos,
garganta rota y olvido.
Cógeme la mano, amor,
que vengo muy mal herido,
herido de amor huido,
¡herido!
¡muerto de amor !

Yo no quiero más que una mano

Yo no quiero más que una mano;
una mano herida, si es posible.
Yo no quiero más que una mano
aunque pase mil noches sin lecho.

Sería un pálido lirio de cal.
Sería una paloma amarrada a mi corazón.
Sería el guardián que en la noche de mi tránsito
prohibiera en absoluto la entrada a la luna.

Yo no quiero más que esa mano
para los diarios aceites y la sábana blanca de mi
agonía.
Yo no quiero más que esa mano
para tener un ala de mi muerte.

Lo demás todo pasa.
Rubor sin nombre ya. Astro perpetuo.
Lo demás es lo otro; viento triste,
mientras las hojas huyen en bandadas.

EN EL CAFÉ DE CHINITAS

En el café de Chinitas
dijo Paquiro a su hermano:
«Soy más valiente que tú,
más torero y más gitano».

En el café de Chinitas
dijo Paquiro a Frascuelo:
«Soy más valiente que tú,
más gitano y más torero».

Sacó Paquiro el reló
y dijo de esta manera:
«Este toro ha de morir
antes de las cuatro y media».

Al dar las cuatro en la calle
se salieron del café
y era Paquiro en la calle
un torero de cartel.

CIUDAD SIN SUEÑO (NOCTURNO DEL BROOKLYN BRIDGE)

No duerme nadie por el cielo. Nadie, nadie.
No duerme nadie.
Las criaturas de la luna huelen y rondan sus cabañas.
Vendrán las iguanas vivas a morder a los hombres
que no sueñan
y el que huye con el corazón roto encontrará por
las esquinas
al increíble cocodrilo quieto bajo la tierna protesta
de los astros.

No duerme nadie por el mundo. Nadie, nadie.
No duerme nadie.
Hay un muerto en el cementerio más lejano
que se queja tres años
porque tiene un paisaje seco en la rodilla;
y el niño que enterraron esta mañana lloraba tanto que hubo necesidad de llamar a los perros para
que callase.

No es sueño la vida. ¡Alerta! ¡Alerta! ¡Alerta!

Nos caemos por las escaleras para comer la tierra
húmeda o subimos al filo de la nieve con el coro
de las dalias muertas.
Pero no hay olvido, ni sueño:
carne viva. Los besos atan las bocas
en una maraña de venas recientes
y al que le duele su dolor le dolerá sin descanso
y al que teme la muerte la llevará sobre sus hom-
bros.

Un día
los caballos vivirán en las tabernas
y las hormigas furiosas
atacarán los cielos amarillos que se refugian en los
ojos de las vacas.
Otro día
veremos la resurrección de las mariposas dise-
cadas y aún andando por un paisaje de esponjas
grises y barcos mudos
veremos brillar nuestro anillo y manar rosas de
nuestra lengua.
¡Alerta! ¡Alerta! ¡Alerta!
A los que guardan todavía huellas de zarpa y
aguacero,

a aquel muchacho que llora porque no sabe la
invención del puente
o a aquel muerto que ya no tiene más que la ca-
beza y un zapato,hay que llevarlos al muro donde
iguanas y sierpes esperan, donde espera la denta-
dura del oso,
donde espera la mano momificada del niño
y la piel del camello se eriza con un violento esca-
lofrío azul.

No duerme nadie por el cielo. Nadie, nadie.
No duerme nadie.
Pero si alguien cierra los ojos,
¡azotadlo, hijos míos, azotadlo!
Haya un panorama de ojos abiertos
y amargas llagas encendidas.
No duerme nadie por el mundo. Nadie, nadie.
Ya lo he dicho.
No duerme nadie.
Pero si alguien tiene por la noche exceso de mus-
go en las sienes,
abrid los escotillones para que vea bajo la luna
las copas falsas, el veneno y la calavera de los
teatros.

LLAGAS DE AMOR

Esta luz, este fuego que devora.
Este paisaje gris que me rodea.
Este dolor por una sola idea.
Esta angustia de cielo, mundo y hora.

Este llanto de sangre que decora
lira sin pulso ya, lúbrica tea.
Este peso del mar que me golpea.
Este alacrán que por mi pecho mora.

Son guirnaldas de amor, cama de herido,
donde sin sueño, sueño tu presencia
entre las ruinas de mi pecho hundido.

Y aunque busco la cumbre de prudencia
me da tu corazón valle tendido
con cicuta y pasión de amarga ciencia.

Noche del amor insomne

Noche arriba los dos con luna llena,
yo me puse a llorar y tú reías.
Tu desdén era un dios, las quejas mías
momentos y palomas en cadena.

Noche abajo los dos. Cristal de pena,
llorabas tú por hondas lejanías.
Mi dolor era un grupo de agonías
sobre tu débil corazón de arena.

La aurora nos unió sobre la cama,
las bocas puestas sobre el chorro helado
de una sangre sin fin que se derrama.

Y el sol entró por el balcón cerrado
y el coral de la vida abrió su rama
sobre mi corazón amortajado.

Soneto de la dulce queja

Tengo miedo a perder la maravilla
de tus ojos de estatua, y el acento
que de noche me pone en la mejilla
la solitaria rosa de tu aliento.

Tengo pena de ser en esta orilla
tronco sin ramas; y lo que más siento
es no tener la flor, pulpa o arcilla,
para el gusano de mi sufrimiento.

Si tú eres el tesoro oculto mío,
si eres mi cruz y mi dolor mojado,
si soy el perro de tu señorío,

no me dejes perder lo que he ganado
y decora las aguas de tu río
con hojas de mi otoño enajenado.

Siento

Siento
que arde en mis venas
sangre,
llama roja que va cociendo
mis pasiones en mi corazón.

Mujeres, derramad agua,
por favor;
cuando todo se quema,
sólo las pavesas vuelan
al viento.

DESPEDIDA

Si muero,
dejad el balcón abierto.

El niño come naranjas.
(Desde mi balcón lo veo).

El segador siega el trigo.
(Desde mi balcón lo siento).

¡Si muero,
dejad el balcón abierto!

Las mejores poesías de los mejores poetas

1. Hafiz de Shiraz
2. Alfred de Musset
3. Quinto Horacio Flaco
4. William Shakespeare
5. Giosuè Carducci
6. Percy B. Shelley
7. Alphonse de Lamartine
8. William Wordsworth
9. Vicente W. Querol
10. Victor Hugo
11. Gabriela Mistral
12. Dante Alighieri
13. A. Gomes Leal
14. Fray Luis de León
15. Giacomo Leopardi
16. Gabriele D'Annunzio
17. Federico García Lorca
18. Antonio Machado
19. Jorge Manrique
20. Juan Ramón Jiménez
21. Paul Verlaine
22. Miguel Hernández
23. San Juan de la Cruz
24. Rainer Maria Rilke
25. Gustavo Adolfo Bécquer
26. Fernando Pessoa
27. Garcilaso de la Vega
28. Alfonsina Storni